DES ÉLECTEURS

ET

DES ÉLECTIONS

DE 1817.

Imprimerie de Vᵉ IL. PERRONNEAU, quai
des Augustins, nᵒ. 39.

DES ÉLECTEURS

ET

DES ÉLECTIONS

DE 1817.

A PARIS,

CHEZ
$\Big\{$
Mme Ve H. PERRONNEAU, quai des Augustins, nº 39;
MONGIE aîné, libraire, boulevard Poissonnière, nº 18;

Et chez les Marchands de Nouveautés.

1817.

DES ÉLECTEURS

ET

DES ÉLECTIONS

DE 1817.

Les élections qui vont s'ouvrir sont les premières dans l'ordre constitutionnel ; cet ordre veut un renouvellement des chambres tous les cinq ans, avec des élections annuelles distribuées successivement sur les diverses parties du territoire de la France. La première série aura l'honneur du début dans cette importante opération. C'est l'avant-garde qu'on lui confie dans la marche de la constitution, à travers les écueils qui l'entourent encore. Les choix qu'elle fera serviront d'exemple aux autres séries, et c'est la première aussi qui fera connaître l'esprit qui anime le nouveau corps électoral de France.

C'est depuis l'établissement de la Charte que les Français élisent de nouveau leurs représentans. Ils se souviennent qu'antérieurement ils n'avaient pas ce droit, qu'ils ne faisaient que présenter des candidats, et que c'était le sénat qui était chargé des élections qui appartiennent au peuple.

On avait certainement alors, beaucoup moins qu'aujourd'hui, les vraies idées de la liberté, puisqu'aujourd'hui il paraîtrait absurde qu'on transportât à la chambre des pairs le pouvoir d'élire les députés. Il s'est donc fait, depuis le nouveau régime, des progrès dans les idées de la liberté.

Il s'en est fait même dans l'usage de cette liberté appliqué aux élections, car celles de 1816 ont été plus sages que celles de 1815.

Les premières qui eurent lieu depuis la Charte, celles de 1815, témoignèrent de l'inexpérience des électeurs, et cette inexpérience faillit à coûter cher à la France. Le résultat fut tel que la nation dût craindre un nouveau bouleversement. Le gouvernement s'en aperçut le premier ; et, dans l'intérêt de la nation, il écarta une loyauté trop turbulente, et craignit des amis aveugles qui voulaient séparer sa cause de la cause du peuple. Il fut obligé d'user, dès le principe, d'une prérogative dont l'usage paraissait réservé à des temps plus éloignés, et d'en user contre ceux mêmes, contre lesquels il devait s'attendre le moins à la faire valoir. Il se vit dans la nécessité de dissoudre une chambre qui s'était méprise sur le caractère de la monarchie, et qui n'avait pas compris la Charte. Cet acte fut éminemment national; et l'ordonnance du 5 septembre remplit la France de joie.

Les élections de 1816 se firent beaucoup plus dans l'esprit de la Charte, et l'esprit de réaction ne se fit plus que faiblement sentir ; elles donnèrent une chambre non moins remarquable par les talens qui s'y montrèrent que par l'intérêt que le peuple prit à ses discussions. Il suivit ses débats avec une avidité qui montrait toute son espérance, tandis qu'il n'avait été que frappé de terreur par les débats de la première.

Nous ne pouvons pas nous dissimuler non plus que les bonnes élections dues à la sagesse des électeurs de 1816 ne fussent, en partie, le fruit de l'éveil donné par l'ordonnance du 5 septembre. Elles eurent, avec les intentions du gouvernement, une conformité qui tourna à l'avantage tant du gouvernement que de la nation, puisqu'elles rétablirent le calme nécessaire pour que la Charte pût prendre son assiète. Les électeurs, loin de se jeter dans l'extrémité opposée à celle où l'on s'était jeté l'année précédente, et voyant que, hors du gouvernement, il n'y avait que des partis, se réunirent franchement à lui, parce que seul il avait eu la volonté et le pouvoir de sauver la chose publique ; ils s'aperçurent que le temps n'était pas venu d'établir, en sens inverse, une opposition au gouvernement, et de mettre en avant cette défiance naturelle aux pays libres, mais qui ne peut être salutaire que lorsque le gouvernement, après un long exercice de ses prérogatives, cherche à les augmenter, à en acquérir de nouvelles, à empiéter sur les droits du peuple. Ils virent que, dans ce moment, il y avait cause commune et solidarité entre le peuple et le gouvernement contre les factions; que le temps de la défiance était éloigné et n'arriverait que lorsque les factions auraient disparu. Jusques-là la réunion était nécessaire, parce que, sous chaque attaque, les factions pouvaient se cacher, et que le profit de la victoire aurait été pour elles. Ils comprirent qu'avant d'avoir une constitution solidement établie, il faut avoir un gouvernement solide, car ce n'est que lui qui peut déblayer le terrain sur lequel elle s'établit, surtout quand c'est lui aussi qui en est le fondateur.

En effet, c'est par des défiances intempestives et prématurées que les états perdent les moyens de s'affermir; elles renversent avant que l'on ait eu le temps d'édifier, et dispersent les matériaux de l'édifice, avant que l'on ait achevé de le construire. Et, qui est chargé de cette construction, si ce n'est le Gouvernement? elles excitent les haines, là où il faudrait le plus grand accord, et rendent ennemis ceux qui doivent concourir à un but commun. On peut affirmer que tout gouvernement nouveau n'a rien d'hostile contre les libertés du peuple; il n'en veut qu'à ceux qui cherchent à le reuverser; et ce n'est pas le peuple qui a cette intention. Si ses moyens de sûreté paraissent exagérés, ce n'est pas en l'accusant sans cesse qu'on le convaincra qu'il a besoin de moins de précautions; c'est en l'éclairant, c'est surtout en le fortifiant d'une confiance qu'il cherche à mériter, qu'on lui fera perdre ses craintes. Ceux qui se sentent nés pour l'Opposition prennent sans cesse leurs exemples dans des pays dont la situation est différente, et comparent ce qui n'est pas à comparer. Parce que, dans des monarchies anciennement constituées, une opposition est devenue nécessaire par suite des abus que les siècles amènent, et contre l'ambition propre aux vieux gouvernemens, on veut, dès à présent, organiser une opposition contre une ambition et des projets qui n'existent pas. On ne songe pas qu'un long intervalle de paix entre le gouvernement et le peuple, précède d'ordinaire la naissance de cette ambition et de ces projets. C'est ainsi que le tribunat n'a été institué à Rome que plusieurs années après la fondation de la république, et que l'Opposition actuelle de l'Angleterre ne date pas de l'année d'où les Anglais datent leur liberté.

C'est donc parce que les électeurs de 1816 ne

se sont pas défiés du gouvernement, et qu'ils ne lui ont pas supposé gratuitement des intentions contraires à la liberté, que ces élections ont produit une chambre qui, bien qu'elle n'ait pu réaliser à la fois toutes les espérances, a fait renaître la tranquillité dans les esprits, qui a assuré la marche de la Charte constitutionnelle, et de laquelle il est émané de bonnes lois. Comment, en effet, auraient-ils pu croire que le gouvernement voulût attaquer une Charte aussi récemment publiée, et plus récemment maintenue, à laquelle son intérêt est aussi étroitement lié, et dont l'existence ne peut se séparer de la sienne.

Il faut observer encore que ces élections furent faites par des colléges électoraux institués pour un autre régime, formés d'élémens devenus incohérens depuis l'établissement de la Charte, et qui n'avaient jamais été dans l'habitude d'élire de véritables représentans. Si donc elles furent favorables au maintien de la Charte, cette circonstance fut due, en partie, à la confiance que les électeurs montrèrent dans le gouvernement plus familiarisé avec les nouveaux principes que les colléges électoraux d'un régime antérieur.

C'est par ces motifs qu'est sortie de leurs opérations la chambre la plus constitutionnelle qui ait encore siégé depuis 1814. Elle a consolidé la

Charte, en vivifiant ses dispositions par des lois reçues avec acclamation, en organisant plusieurs de ses parties; car la Charte, qui ne contient que des principes généraux, ne prend véritablement un corps que par les lois qui lui servent de moyens d'exécution. On peut la comparer à un vaisseau dont les lois sont les voiles qui lui impriment le mouvement, et le mettent en état de marcher.

La principale des lois de cette espèce a été celle sur les élections. Nous nous rappelons ce qu'il en a coûté pour l'obtenir, et combien il a fallu vaincre de résistances pour enlever, sur cette importante matière, une loi qui fût en harmonie avec les principes de la Charte; qui, au lieu d'être en contradiction et dans un combat perpétuel avec elle, tendît à la fortifier; enfin qui, d'après une expression extrêmement heureuse, fut une seconde Charte.

Si donc les électeurs de 1816, qui étaient nés d'un autre régime, produisirent des résultats si conformes à l'esprit de la Charte, combien ne doit-on pas s'attendre que seront conformes à cet esprit ceux qui sortiront des élections de 1817, des opérations d'un corps électoral, né de la Charte même, qui ne connaît qu'elle, et qui pour elle a oublié toute la révolution ?

En effet, nous ne nous souvenons plus ni de la

république, ni du régime impérial. S'il reste quelque chose de ces temps, ce sont des principes qui n'ont trouvé qu'aujourd'hui leur application, ce sont des souvenirs de gloire militaire et de désastres civils; mais les opinions de ces époques et leur exaltation se sont évanouies. Les opinions se sont toutes mitigées et fondues dans la Charte, qui, comme un grand réservoir, a admis et les principes de la révolution, et la gloire que la France avait acquise; elle a confirmé et appliqué les uns, elle jouit de l'autre, comme d'une propriété dont elle a hérité.

Le nouveau corps électoral est le représentant de ces opinions mitigées et épurées. Il est le représeutant, non de ce que la France a été pendant la révolution, mais de ce qu'elle est après la révolution ; aussi doit-il sa naissance à la Charte qui l'a terminée. Il forme la masse la plus imposante et la plus nombreuse qu'aucun peuple moderne ait encore présentée, composée également de propriétaires et d'hommes éclairés qui, par ce double motif, sont également le boulevard de la liberté de la France et de son repos.

Il nous garantit, par la réunion de cette foule de propriétaires nouveaux, formés par la révolution, et dont l'existence est un des grands moyens de prospérité de l'état, d'une part, des empiètemens auxquels les grands propriétaires tendent toujours par leur nature, et il nous garantit, de l'autre, des innovations de ceux qui trouveront plus de ressources dans une industrie désormais libre que dans de nouvelles agitations. Il tient également la balance entre les deux ordres extrêmes de la société, parce qu'il se trouve précisément placé au milieu.

Il abolit, par l'espèce d'autorité qu'il exerce, et qu'il exerce tous les ans, les anciens préjugés et les anciennes prétentions, en ne leur rendant plus aucun honneur. Son action est, à cet égard, plus efficace que celle des lois, parce que les lois ne disent que ce qu'il faut faire, au lieu qu'il exécute immédiatement, et que ses opinions deviennent des faits établis Il condamne de même à l'oubli les doctrines exagérées, ainsi que les excès du régime militaire, parce qu'il n'a plus à faire de toutes ces choses ; qu'il veut vivre dans le temps present, et que chaque citoyen veut conserver ses enfans.

Il suit, avec les progrès des lumières, les progrès successifs de l'industrie, et admet dans son sein, chaque année, de nouveaux membres qui s'aggrègent naturellement à lui par les efforts qu'ils font pour leur bien-être personnel. Ainsi il est toute la France, sans être personne en particulier. Toutes les lumières qui s'élèvent, toutes les fortunes qui se forment, vont d'elles-mêmes se réunir à lui, et il demeure ainsi l'image perpétuelle de ce que la France a de plus éclairé, et de ce qu'elle a de plus indépendant.

Il ne sépare point la Charte de la légitimité, parce que, si l'une le fait jouir de la liberté, il voit dans l'autre sa sûreté. Il sait que l'une et l'autre se servent de garantie mutuelle, comme le savent aussi les Anglais, qui confondent sans cesse dans leurs vœux la Constitution et la maison de Brunswick. Enfin, il sait qu'une nation n'est ni tranquille, ni heureuse, et qu'elle n'a point de dignité quand elle n'a point de loyauté. L'honneur d'une nation consiste à être loyale, comme l'honneur du souverain consiste à mériter qu'elle le soit; car l'étranger aux yeux de qui cet honneur s'établit, ne sépare point le prince du peuple, et les confond l'un et l'autre dans ses jugemens.

Veut-on savoir maintenant quels seront les hommes que présentera ce premier renouvellement par cinquième de la chambre, quels seront les choix qui sortiront des premières élections du nouveau corps électoral de France, et de l'urne de 1817 ? Qu'on le demande à ceux qui ont institué ce corps électoral. L'œuvre rendra témoignage à son ouvrier, et les élus ne seront pas autres que ne sont les électeurs.

Comme ceux-ci ne cherchent eux-mêmes à satisfaire aucune ambition personnelle, et qu'ils ne songent qu'à remplir un devoir en quittant leurs affaires pour s'entremettre de l'affaire publique, ils veulent des hommes qui ne soient point tourmentés de cette ambition, et qui ne voient qu'un devoir à remplir dans les fonctions qu'ils s'apprêtent à leur confier. Tout ce qui se produit avec trop d'apparat, tout ce qui remue et s'agite autour d'eux, leur est suspect; ils savent que celui qui brigue, a des vues particulières, et que le seul intérêt public ne donne point cette activité ni cette ardeur qu'on met à satisfaire ses projets de grandeur, de réputation et de gloire personnelle. Les princes, et tous ceux qui exercent le pouvoir, sont accusés de n'accorder de faveurs qu'à la sollicitation et à l'importunité, et d'écarter le mérite modeste. Les électeurs aussi exercent un pouvoir, et ils n'imiteront point un exemple dont ils se plaignent tous les jours.

Comme ils sont calmes, et qu'ils savent qu'avec du calme, les choses iront d'elles-mêmes en France, de la manière dont elles sont engrenées, et avec l'esprit qui règne généralement, ils éviteront dans leurs choix les hommes dont l'effervescence compromettrait la tranquillité si nouvellement rétablie et l'harmonie qui subsiste entre les grands corps de l'État. Ils chercheront ceux qui savent donner de la vigueur à toutes les garanties de la Charte, sans troubler cette harmonie et sans menacer aucune existence; qui ne s'égareront point, même sur la route du bien, parce qu'ils ne mettront jamais la passion à la place du raisonnement, car la passion est personnelle et fait perdre de vue l'intérêt public. La passion appelle la passion; et ce qui devait être le champ de la discussion, devient l'arène d'un combat dont l'issue est toujours douteuse.

Deux espèces de personnes se présentent pour être élues, et deux opinions existent en France; car, s'il en existe une troisième, elle est reléguée parmi ceux qui ne prétendent point à l'élection, et elle ne s'est point montrée dans les chambres.

Les premiers sont les partisans de l'ancien ordre de choses qui voudraient faire de la Charte un pont pour conduire au régime de Louis XIV, mais le fleuve est trop large, et il s'élargit tous les jours.

Les seconds se composent de la génération actuelle, de la partie active de la nation qui veut franchement la Charte, parce qu'elle l'aimait même avant qu'elle fût décrétée, qui a été élevée dans ses principes même avant que ces principes fussent réduits en Code, ce sont les Constitutionnels.

Le corps électoral n'ignore point quels sont les projets des premiers. Ils ont pris la peine de les lui faire connaître en 1815, et ils prennent la peine de les lui faire connaître tous les jours, car ils ne sont point oisifs. Ils appellent à leur secours des préjugés qui ne subsistent plus que parmi eux, et des prétentions surannées en faveur desquelles ils protestent tous les jours de peur de prescription. C'est pour les réaliser qu'ils recherchent le pouvoir et l'envient à ceux qui en sont revêtus, espérant beaucoup de l'usage qu'ils en feraient chez un peuple docile à la puissance et à l'exemple des Grands. Ils voudraient même monopoliser en leur faveur la religion qui appartient à tout le monde, afin qu'elle servît d'instrument à leur élévation.

Les Constitutionnels sont divisés sur quelques points, mais qui ne touchent point aux principes vitaux de la Charte ; c'est pourquoi ils se garderont de faire éclater leurs divisions jusqu'à ce qu'ils se trouvent seuls sur le terrain. Ils forment le futur parti ministériel et le futur parti de l'Opposition. Leur division n'aura rien que de salutaire quand les affaires de la France permettront que les amis de la liberté se séparent en deux sections, et que la Charte ne risquera plus d'être ébranlée ; il sortira alors de leurs débats des lois perfectionnées, mais jusques-là ils restent réunis dans une opposition commune contre ceux qui voudraient attaquer la Charte.

Le gouvernement y trouve quelques amis qui l'avertissent utilement, mais ils ne s'abandonnent point aux clameurs de peur d'être confondus avec ceux qui en élevaient avec des vues différentes, et avec des principes qui ne sont point les leurs. Ils se rappellent que l'année dernière, à la suite d'une conversion subite, les plus vives réclamations en faveur de la liberté partirent du côté qui naguère voulait la proscrire, et que ceux mêmes qui avaient porté des lois sévères furent les plus ardens à en demander la révocation, parce qu'ils n'étaient pas chargés de les exécuter. Dans l'incertitude introduite par cette tactique, les Constitutionnels s'asbtiennent de toutes clameurs de peur de dérouter le public ; car quand on s'explique avec une certaine violence, on peut faire prendre le change sur ses intentions, et l'on ne sait si l'on en veut aux mesures, ou au pouvoir de ceux qui sont chargés de l'exécution. Les Constitutionnels ont pris de là un ton plus mesuré et se reconnaissent à ce signe. La modération est devenue l'enseigne de tout ce qui est vraiment fidèle à la Charte.

C'est là où les électeurs trouveront des hommes de sentimens divers, mais non opposés, qui peuvent différer d'opinion, mais qui ne diffèrent point de principes; c'est là qu'ils trouveront des connaissances variées, des talens reconnus, l'expérience des affaires, des réputations faites, et l'art de gouverner la France moderne. C'est d'eux qu'ils doivent attendre la révocation de lois qu'ils n'ont point faites, et toutes les mesures nécessaires pour consolider la liberté et la richesse nationales. L'initiative leur appartient. C'est d'une main amie qu'il faut recevoir ce présent.

www.ingramcontent.com/pod-product-compliance
Lightning Source LLC
Chambersburg PA
CBHW071434030726
47594CB00006B/2735